Impressum
Verlag: BABADADA GmbH, Nedderfeld 112 , 22529 Hamburg
Geschäftsführer / Verlagsleitung: Harald Hof
Druck: Books on Demand GmbH, In de Tarpen 42, 22848 Norderstedt

Imprint
Publisher: BABADADA GmbH, Nedderfeld 112 , 22529 Hamburg, Germany
Managing Director / Publishing direction: Harald Hof
Print: Books on Demand GmbH, In de Tarpen 42, 22848 Norderstedt, Germany

# школа

# dibistan

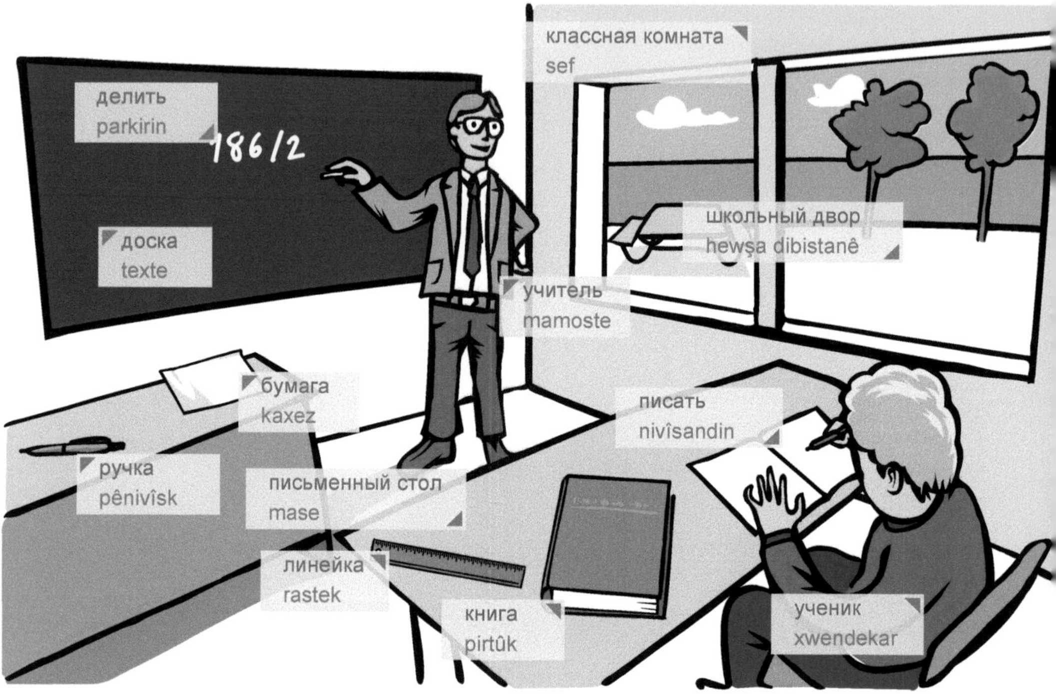

классная комната
sef
делить
parkirin
186/2
доска
texte
школьный двор
hewşa dibistanê
учитель
mamoste
бумага
kaxez
писать
nivîsandin
ручка
pênivîsk
письменный стол
mase
линейка
rastek
книга
pirtûk
ученик
xwendekar


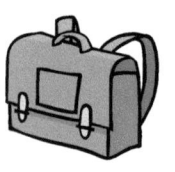

ранец

çewal

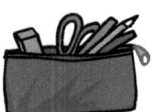

пенал

qûtî nivîstok

карандаш

qelemrisas

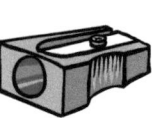

точилка

nivîstok tûjkir

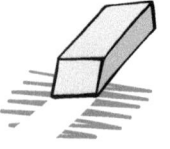

ластик

jêbir

альбом для рисования

nivîska nîgarê

рисунок

nîgar

кисточка

firçeya rengê

коробка красок

qûtî reng

ножницы

meqes

клей

lezaq

тетрадь

pirtûka fêrbûn

домашняя работа

wezîfa malê

цифра

hejmar

прибавлять

zêdekirin

вычитать

derxistin

умножать

zêdekirin

считать

hesibandin

буква

tîp

алфавит

alfabe

слово

peyv

текст

nivîsê

читать

xwandin

мел

geç

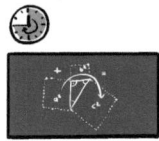

урок

ders

классный журнал

qeydkirin

экзамен

îmtîhan

диплом

şehade

школьная форма

kinca dibistanê

образование

perwerdehî

энциклопедия

zanistname

университет

zanîngeh

микроскоп

mîkroskûp

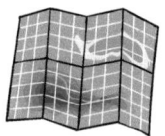

карта

xerîte

корзина для бумаг

sepeta kaxezê

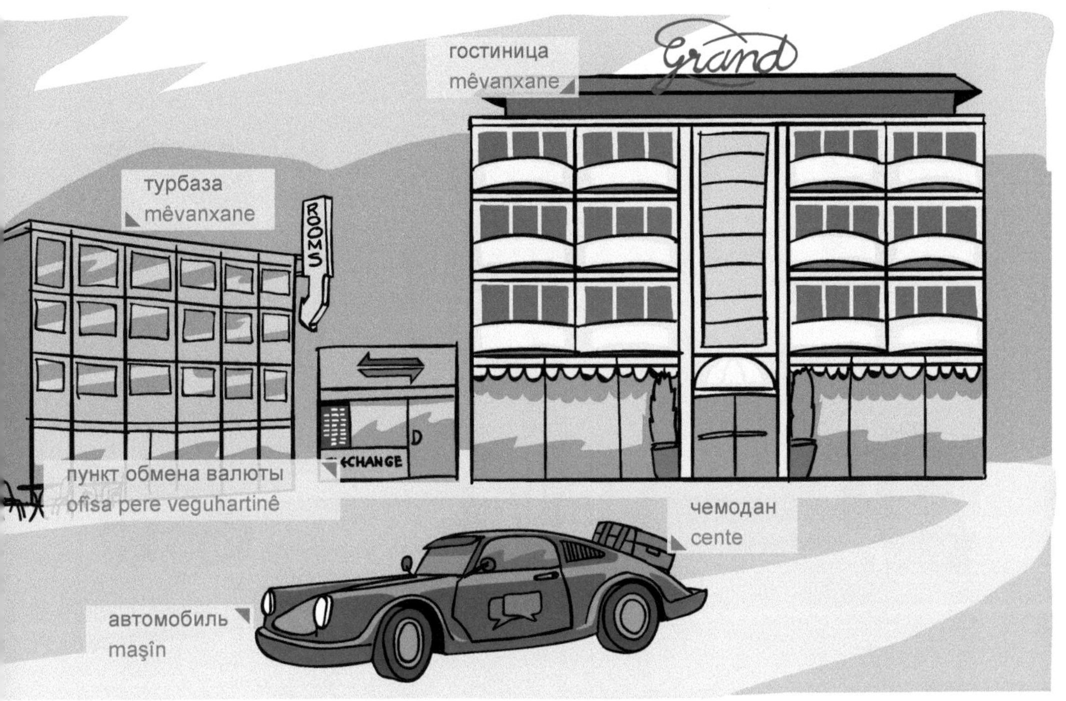

гостиница
mêvanxane
Grand
турбаза
mêvanxane
ROOMS
€CHANGE
пункт обмена валюты
ofîsa pere veguhartinê
чемодан
cente
автомобиль
maşîn

язык
ziman

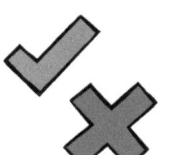

да / нет
belê / na

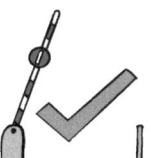

хорошо
baş

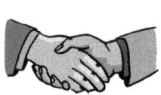

Привет
silav

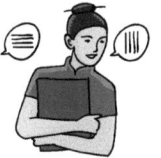

переводчик
wergêra nivîskî

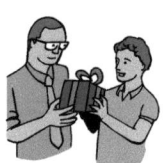

Спасибо
sipas

Сколько стоит…?

bihayê … çi qase?

Я не понимаю

ez fam nakim

проблема

pirsgirêk

Добрый вечер!

êvarbaş!

Доброе утро!

beyanî baş!

Доброй ночи!

şev baş!

До свидания

xatirê te

направление

alî

багаж

hûrmûr

сумка

çente

рюкзак

çente pişt

гость

mêvan

комната

ode

спальный мешок

came xew

палатка

çadir

туристическая
информация
agagiyên gerokan

пляж

rexê avê

кредитная карточка

kartê qerzê

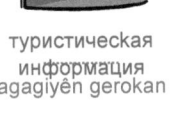

завтрак

taştê

обед

firavîn

ужин

şîv

билет

kart

лифт

asansor

почтовая марка

pûl

граница

tixûb

таможня

gumirk

посольство

balyozxane

виза

vîza

паспорт

pasaport

# транспорт
## guhaztin

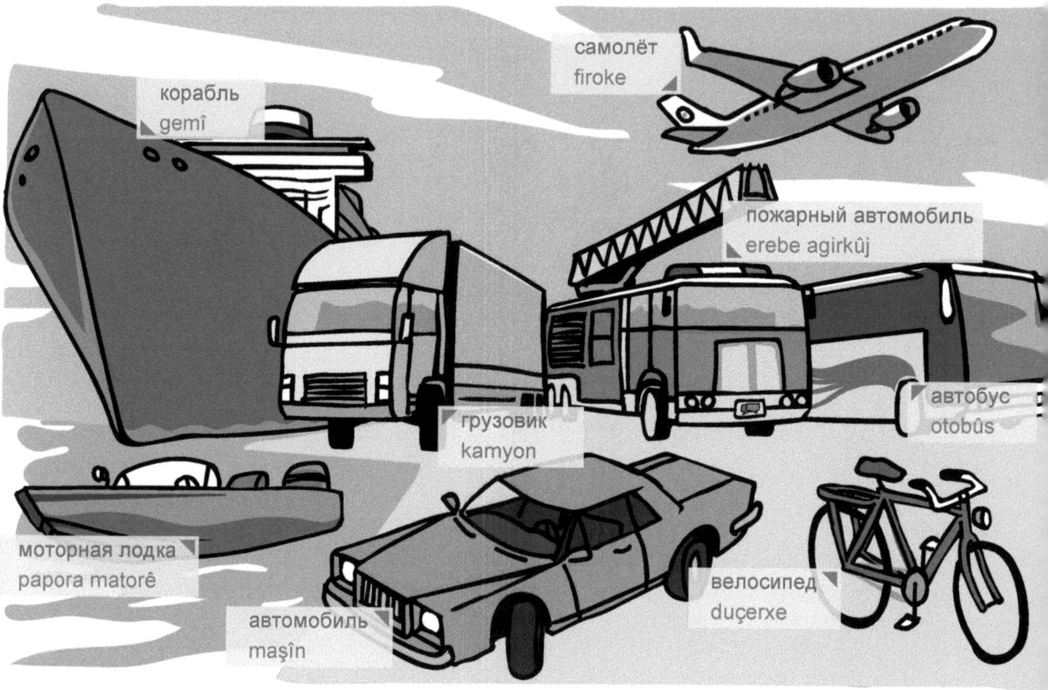

самолёт
firoke
корабль
gemî
пожарный автомобиль
erebe agirkûj
автобус
otobûs
грузовик
kamyon
моторная лодка
papora matorê
велосипед
duçerxe
автомобиль
maşîn


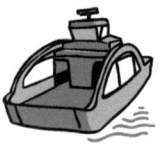

паром

papor

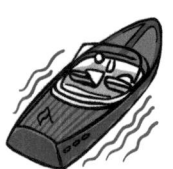

лодка

papor

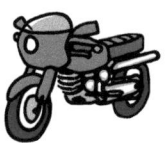

мотоцикл

motorsîklêt

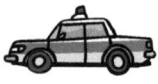

полицейский автомобиль

trimbêla polîsê

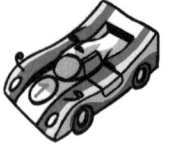

гоночный автомобиль

trimbêla pêşbaziyê

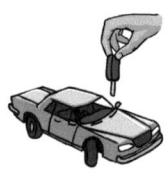

арендованный автомобиль

erebe kirêkirinê

овместное пользование
автомобилями

maşîn pervekirin

буксировочный
автомобиль
kamyona kişandinê

мусоровоз

kamyona xwelî

двигатель

motorsîklêt

топливо

mazot

заправка

îstegeha benzînê

дорожный знак

tabloya tirafîkê

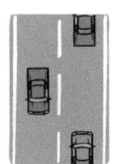

движение

hatinûçûn

пробка

tirafîk

автостоянка

cihê parkê

вокзал

rawesteka trênê

рельсы

rêç

поезд

trên

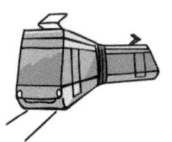

трамвай

trênê kolanê

вагон

erebe

вертолёт

babirok

аэропорт

balafirgeh

вышка

birc

пассажир

misafir

контейнер

qûtî

коробка

qûtî

тележка

girgirok

корзина

selik

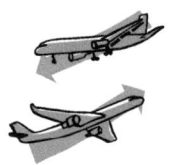

взлетать / приземляться

rabûn / nîştin

# город

## bajar

деревня

gund

центр города

navenda bajarê

дом

xanî

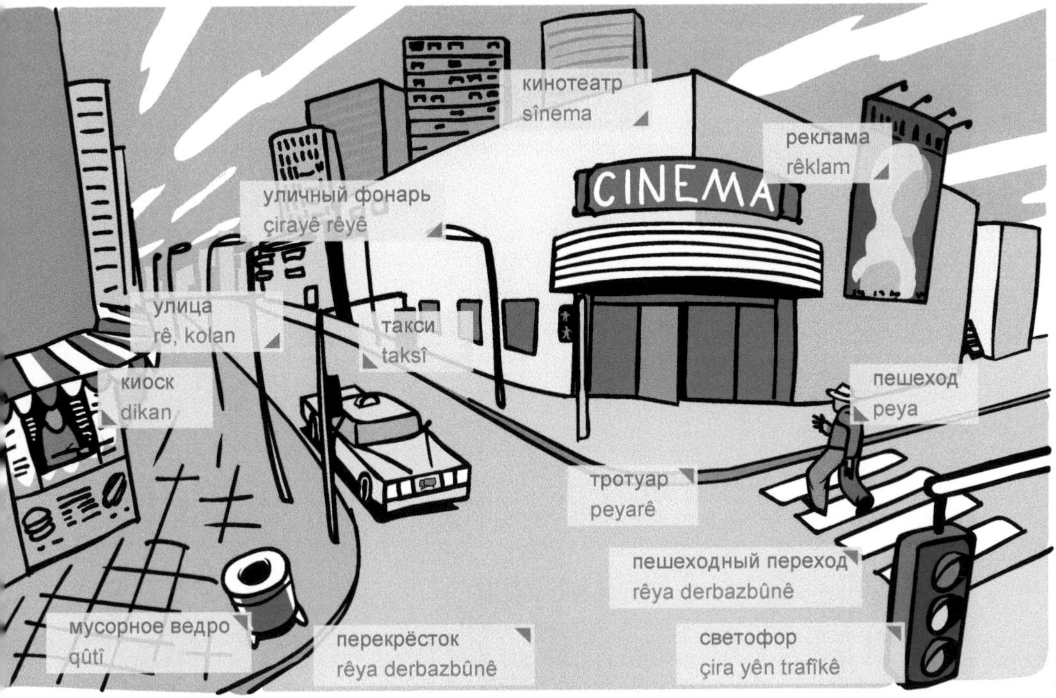
кинотеатр
sînema
реклама
rêklam
CINEMA
уличный фонарь
çirayê rêyê
улица
rê, kolan
такси
taksî
киоск
dikan
пешеход
peya
тротуар
peyarê
пешеходный переход
rêya derbazbûnê
мусорное ведро
qûtî
перекрёсток
rêya derbazbûnê
светофор
çira yên trafîkê

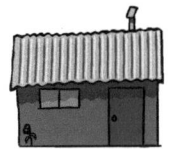

хижина

kox

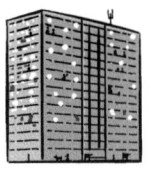

квартира

xanî

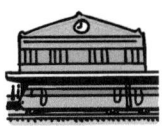

вокзал

rawesteka trênê

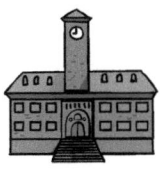

ратуша

telara şarevanî

MUSEUM

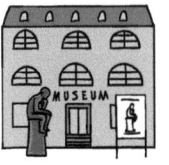

музей

mûzexane

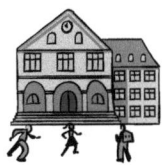

школа

dibistan

университет

zanîngeh

банк

bank

больница

nexweşxane

гостиница

mêvanxane

аптека

dermanxane

офис

ofîs

книжный магазин

kitêbfiroşî

магазин

dikan

цветочный магазин

gulfiroş

супермаркет

bazar

рынок

bazar

универмаг

supermarket

торговец рыбой

masîfiroş

торговый центр

navenda kirrîn

порт

bender

парк

park

скамейка

sekû

мост

pir

лестница

derince

метро

jêr erdê

тоннель

tunnel

автобусная остановка

îstgeha otobûs

бар

bar

ресторан

xwaringeh

почтовый ящик

sindûqa postê

табличка с названием
улицы

nîşanderka rêyê

паркометр

metra parkîngê

зоопарк

baxça heywanan

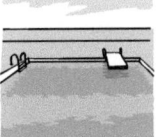

бассейн

hewza melevanî

мечеть

mizgeft

ферма

cotgeh

загрязнение окружающей среды

lewitandina derdor

кладбище

goristan

церковь

kenîse

детская площадка

erdê leyistinê

храм

perestgeh

## ландшафт

## tebîet

лист
gela

дорожный указатель
nîşanderka rê

дорога
rê

луг
mêrg

камень
kevir

дерево
dar

путешественник
gerok

река
çem

трава
giya

цветок
kulîlk

долина

dol

гора

gir

озеро

gol

лес

daristan

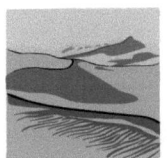

пустыня

beyaban

вулкан

volkan

замок

keleh

радуга

keskesor

гриб

kivark

пальма

darqesp

комар

mixmixk

муха

mêş

муравей

mêrî

пчела

hing

паук

pîrê

жук

kêzik

лягушка

beq

белка

sihor

еж

jîjok

заяц

kerguh

сова

pepûk

птица

çivîk

лебедь

qû

кабан

berazê kovî

олень

pezkovî

лось

pezkovî

плотина

bendav

ветряной генератор

tûrbîna ba

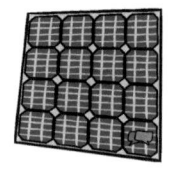

солнечная батарея

panela xorê

климат

av û hewa

# ресторан
# xwaringeh

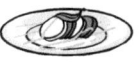

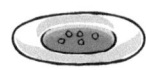

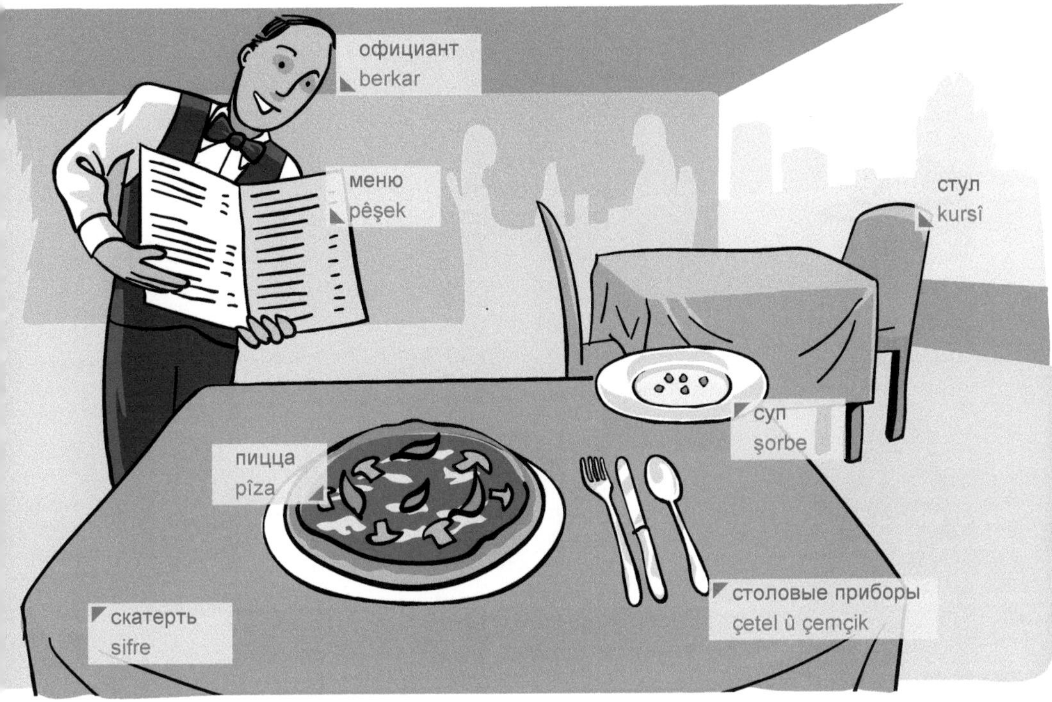

официант
berkar
меню
pêşek
стул
kursî
суп
şorbe
пицца
pîza
столовые приборы
çetel û çemçik
скатерть
sifre


закуска
xwarina destpêk

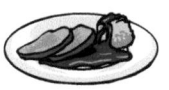

главное блюдо
xwarina serekî

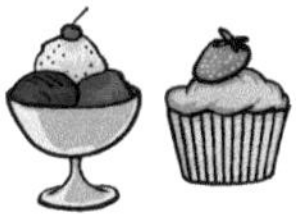

десерт
şêranî

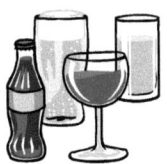

напитки
vexwarinan

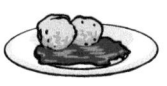

еда
xwarin

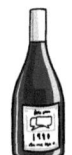

бутылка
cam

фастфуд

xwarina lez

уличная еда

xwarina rêyê

чайник

çaydanik

сахарница

qûtî şekirê

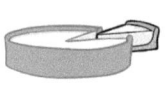

порция

beş

кофеварка

mekîna çêkirinê espresso

детский стульчик

kursiya bilînd

счет

hesab

поднос

sênî

нож

kêr

вилка

çetel

ложка

kevçî

чайная ложка

kevçiya çay

салфетка

pêşgir

стакан

qedeh

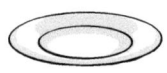

тарелка

teyfik

суповая тарелка

teyfika şorbe

блюдце

piyale

соус

çênc

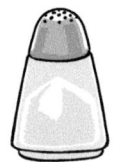

солонка

xwêdank

мельница для перца

qûtî bîbar

уксус

sêk

масло

rûn

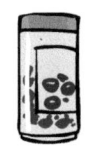

специи

biharat

кетчуп

ketçap

горчица

mustard

майонез

mayonêz

# супермаркет

## bazar

специальное предложение
pêşkêşên taybet
FOR
покупатель
mişterî
молочные продукты
şîremenî
фрукты
fêkî
тележка для покупок
erebe

BUTCHERS

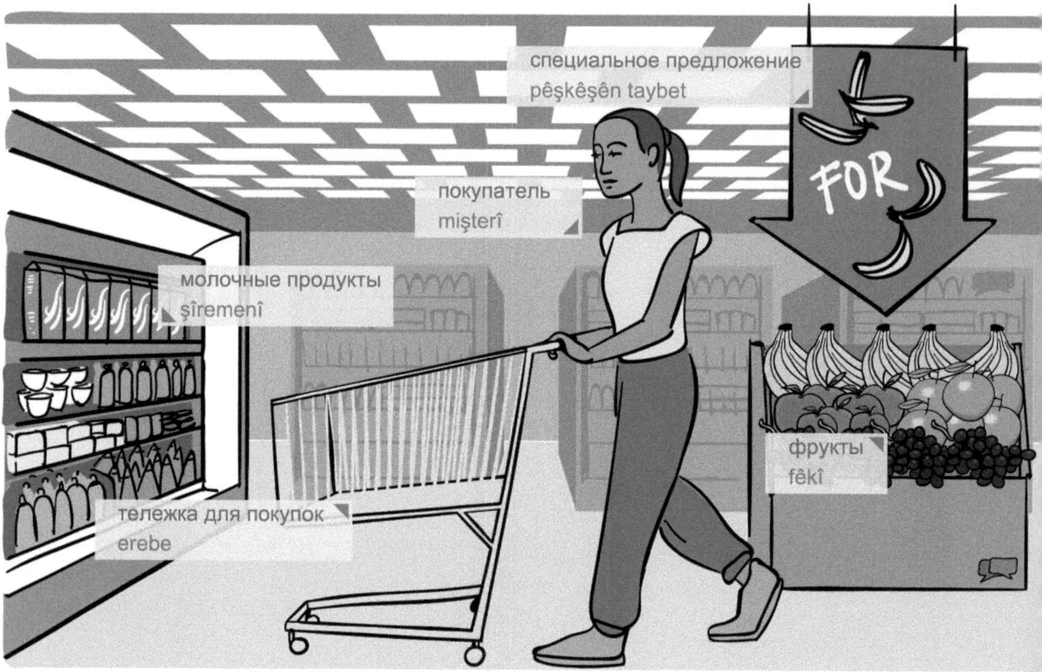

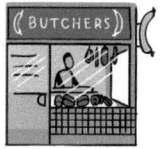

мясной магазин

qesabî

BAKERY

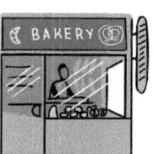

пекарня

dikana nanpêj

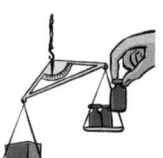

взвешивать

wezin kirin

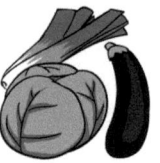

овощи

sebze

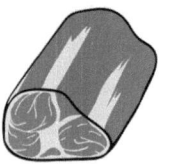

мясо

goşt

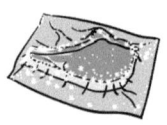

быстрозамороженные продукты

xwarinê cemedî

нарезка

goştê sar

консервы

xwarina pîlê

стиральный порошок

xubarê paqijkirinê

сладости

şirînî

предмет домашнего
обихода

berhemên navxweyî

моющее средство

berhemên paqijkirinê

продавщица

firoşyar

касса

xeznok

кассир

diravgir

список покупок

lîsta kirrînê

время работы

demên vekirî

бумажник

cizdan

кредитная карточка

kartê qerzê

сумка

çewal

полиэтиленовый пакет

çente

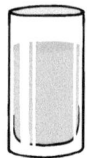

вода

av

сок

şerbet

молоко

şîr

кока-кола

komir

вино

şerab

пиво

bîra

алкоголь

alkol

какао

kakwo

чай

çay

кофе

qehwe

эспрессо

espresso

капучино

kapoçîno

банан

moz

яблоко

sêv

апельсин

pirteqalî

арбуз

gundor

лимон

lîmon

морковь

gêzer

чеснок

sîr

бамбук

qamir

лук

pîvaz

гриб

qarçik

орехи

gewîz

лапша

şihîre

спагетти

spagêttî

рис

birinc

салат

selete

картофель фри

çîps

жареный картофель

peteteya biraştî

пицца

pîza

гамбургер

hamburger

сэндвич

nanok

шницель

goştê stûyê berxî

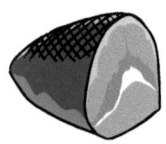

ветчина

goştê hişkkirî

салями

salamê

колбаса

sosîs

курица

mirîşk

жаркое

bijartin

рыба

masî

овсяные хлопья

şorbe bilûl

мюсли

mûslî

кукурузные хлопья

kertên gilgilan

мука

ard

круассан

croissant

булочка

semûn

хлеб

nan

тост

tost

печенье

nanik

масло

nivîşk

творог

mast

пирог

kulîçe

яйцо

hêk

яичница

hêka qelandî

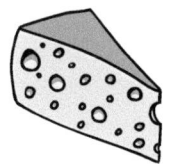

сыр

penîr

мороженое

dondirme

сахар

şekir

мёд

hingiv

мармелад

mireba

крем с нугой

xameya nougat

карри

kurrî

# ферма
# cotgeh

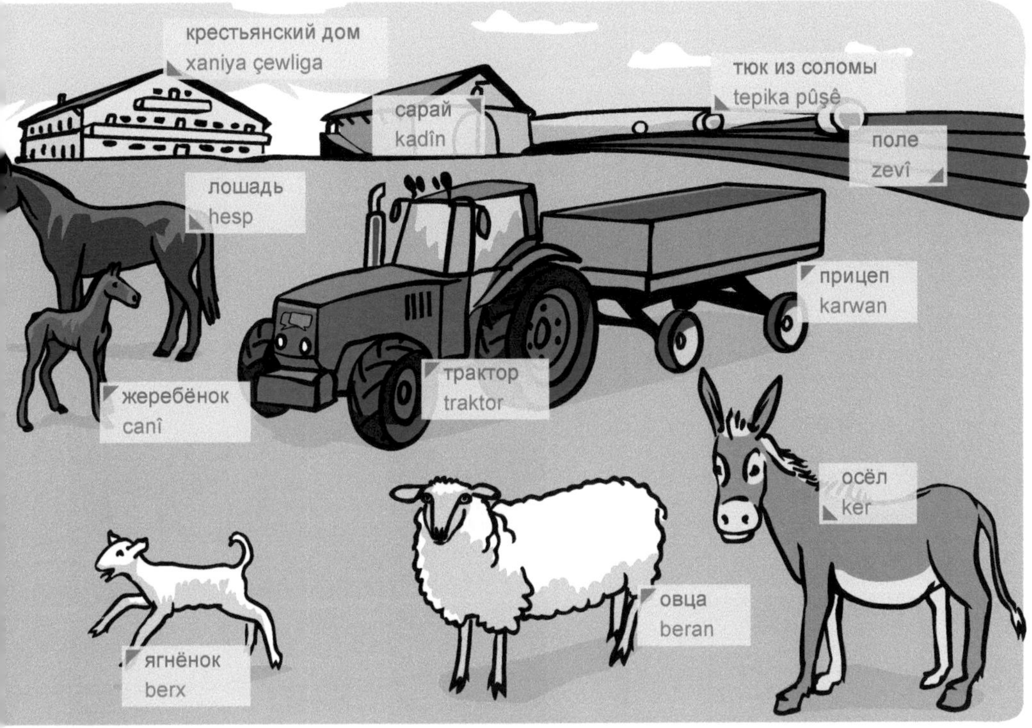

крестьянский дом
xaniya çewliga
сарай
kadîn
тюк из соломы
tepika pûşê
поле
zevî
лошадь
hesp
прицеп
karwan
трактор
traktor
жеребёнок
canî
осёл
ker
овца
beran
ягнёнок
berx


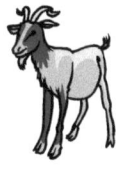

коза

bizin

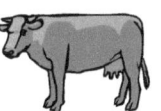

корова

çêlek

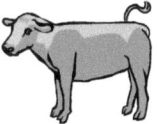

телёнок

golik

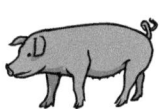

свинья

beraz

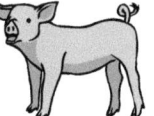

поросёнок

xinzîrk

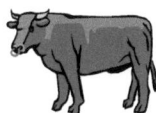

бык

boxe

гусь

qaz

утка

miravî

цыплёнок

cûçik

курица

mirîşk

петух

keleşêr

крыса

circ

кошка

kitik

мышь

mişk

вол

ga

собака

kûçik

конура

xaniya kûçikê

садовый шланг

xanî baxê

лейка

qûtîka avdanê

коса

şalûk

плуг

gasin

серп

das

мотыга

merbêr

навозные вилы

darsapik

топор

bivir

тачка

destgere

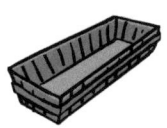

корыто

qûtî xwarina candaran

бидон для молока

qûtî şîr

мешок

tûr

забор

çeper

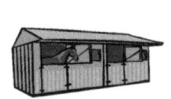

хлев

axur

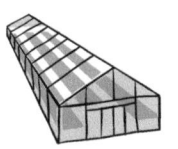

теплица

xana kulîlkan

почва

ax

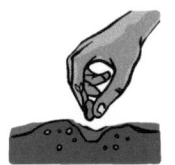

посев

dendik

удобрение

peyn

комбайн

kombayn

ферма - cotgeh

собирать урожай

zad

урожай

zad

ямс

petete

пшеница

genim

соя

fasolî

картофель

petete

кукуруза

dexl

рапс

dindik

фруктовое дерево

darê fêkî

маниок

sêvê bin erdê

злаки

zad

# дом

# xanî

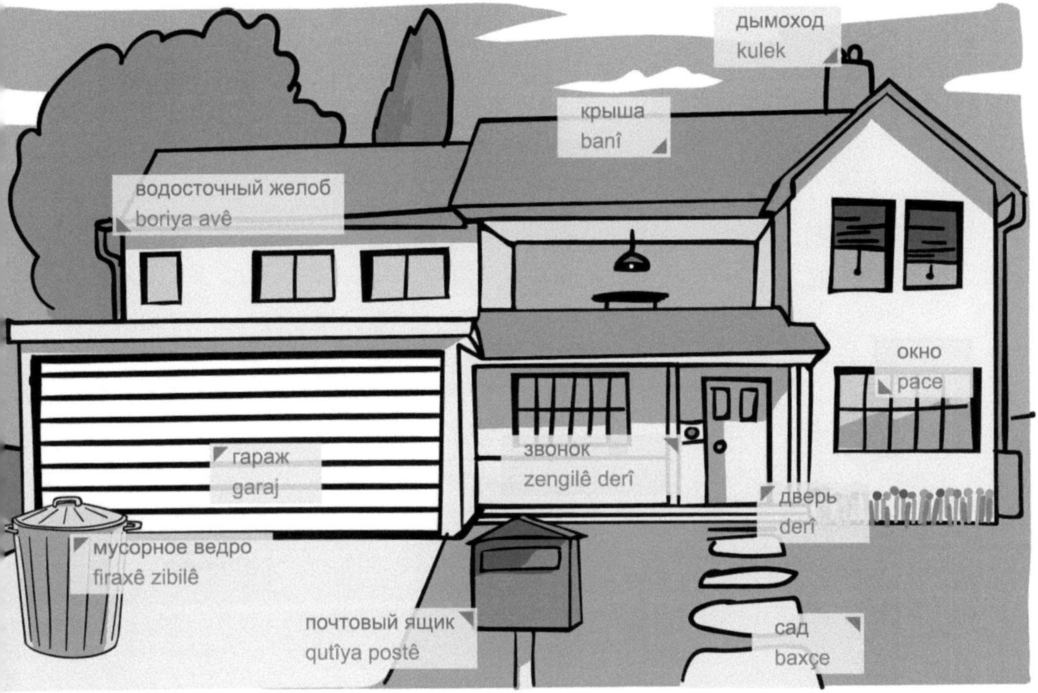
дымоход
kulek
крыша
banî
водосточный желоб
boriya avê
окно
pace
гараж
garaj
звонок
zengilê derî
дверь
derî
мусорное ведро
firaxê zibilê
почтовый ящик
qutîya postê
сад
baxçe

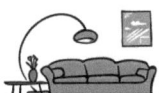

гостиная

oda rûniştinê

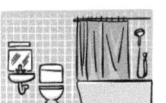

ванная комната

hemam

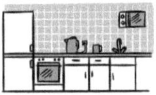

кухня

metbex

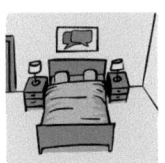

спальня

oda xewê

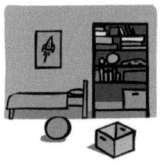

детская комната

odeya zarok

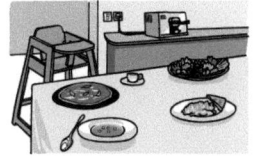

столовая

oda şîvê

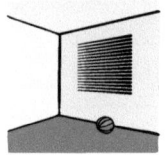

пол

binî

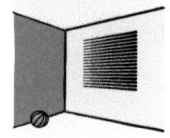

стена

dîwar

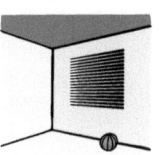

потолок

berban

подвал

xenzik

сауна

sauna

балкон

balkon

терраса

berdanik

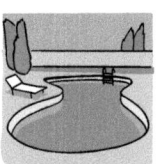

бассейн

hewza melevanî

газонокосилка

çîmen birr

пододеяльник

melhefe

покрывало

betanî

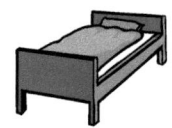

кровать

nivîn

метла

gezik

ведро

satil

выключатель

kilîl

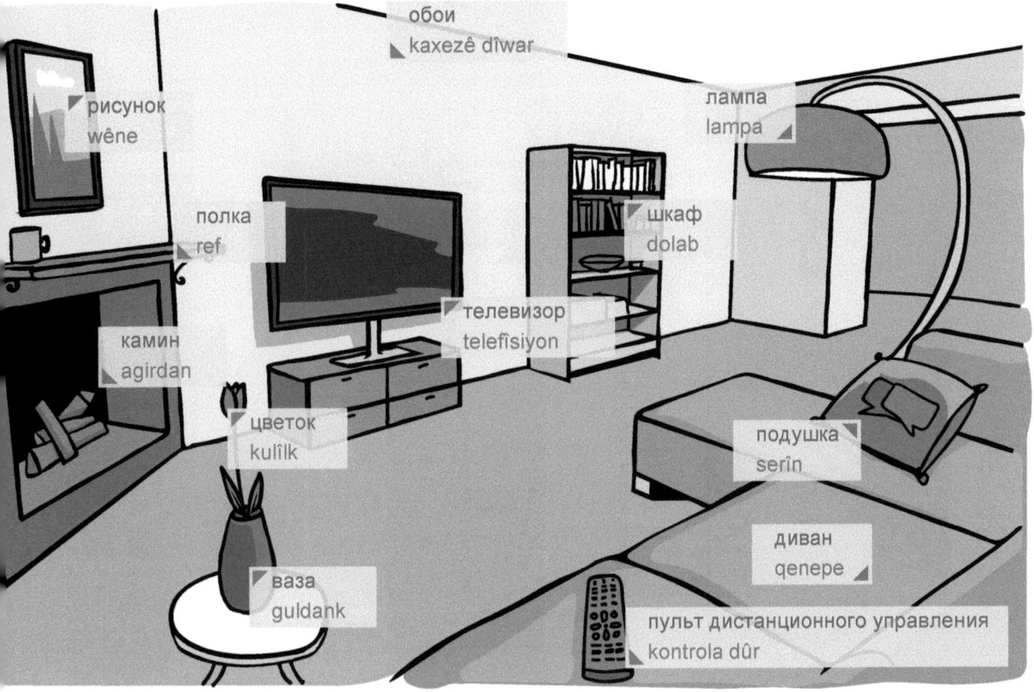

обои
kaxezê dîwar

рисунок
wêne

лампа
lampa

полка
ref

шкаф
dolab

камин
agirdan

телевизор
telefîsiyon

цветок
kulîlk

подушка
serîn

ваза
guldank

диван
qenepe

пульт дистанционного управления
kontrola dûr

ковёр

xalîçe

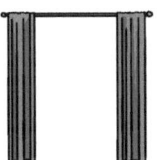

штора

perde

стол

mêz

стул

kursî

кресло-качалка

kursiya hejanok

кресло

kursî

книга

pirtûk

покрывало

betanî

украшение

xemilandin

дрова

êzing

фильм

fîlm

стереосистема

hi-fi

ключ

kilîl

газета

rojname

картина

nîgar

плакат

poster

радио

radyo

блокнот

defter

пылесос

sivnika elektrîkî

кактус

kaktûs

свеча

mom

# кухня
# metbex

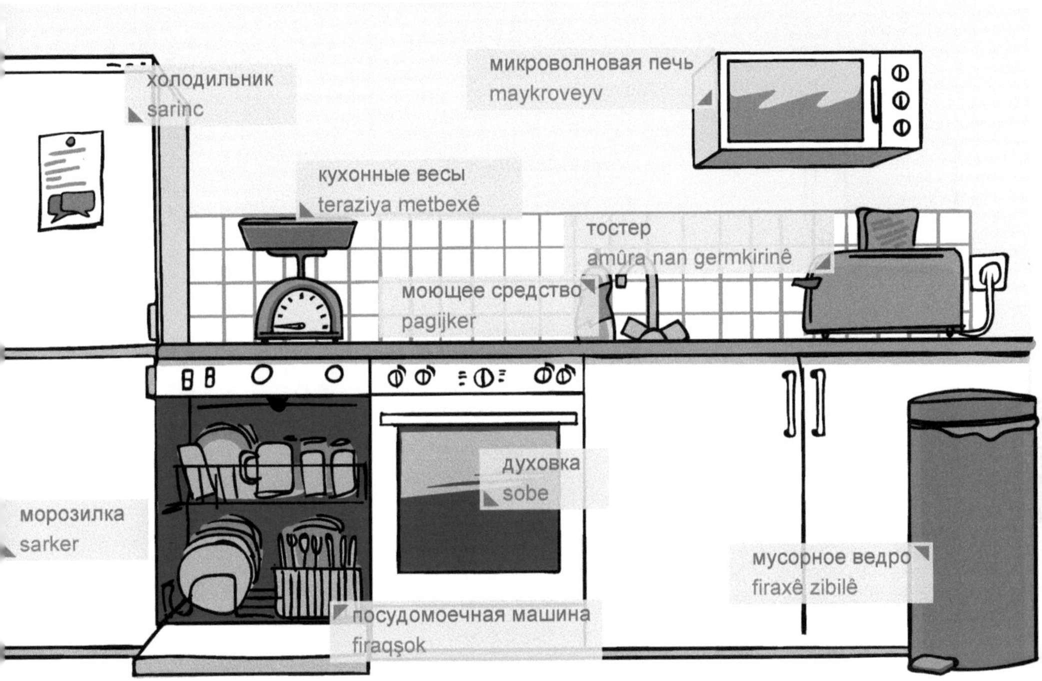
холодильник
sarinc
микроволновая печь
maykroveyv
кухонные весы
teraziya metbexê
тостер
amûra nan germkirinê
моющее средство
pagijker
духовка
sobe
морозилка
sarker
мусорное ведро
firaxê zibilê
посудомоечная машина
firaqşok

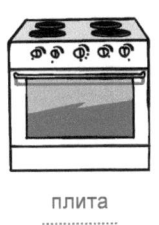

плита

sobe

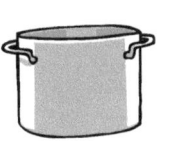

кастрюля

aman

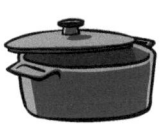

чугунный котелок

amaê ûtû

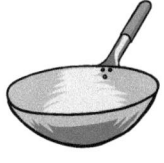

вок / кадай

firaqê mezin

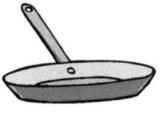

сковорода

dîzik

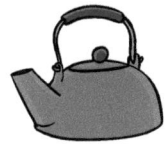

чайник

kelînk

**пароварка**

firaqê hilmê

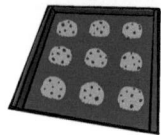

**противень**

sênî nanê

**посуда**

firaq

**кружка**

piyale

**миска**

kasik

**палочки для еды**

darê nanxwarin

**половник**

hesk

**лопатка**

kevçiya mezin

**сбивалка**

rînek

**сито**

kefgîr

**сито**

bêjing

**тёрка**

rêşker

**ступка**

destar

**гриль**

biraştin

**костёр**

agirê vala

доска

texteya birrînê

скалка

darikê tîrê

штопор

devik badek

жестяная банка

qûtî

консервный нож

qûtîvekir

прихватка

cawê amanan

раковина

destşo

щетка

firçe

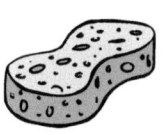

губка

parazoa

миксер

tevdêr

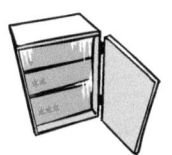

морозильная камера

sarkerê cemedî

бутылочка для кормления

şûşe bebikan

кран

henefî

# ванная комната

# hemam

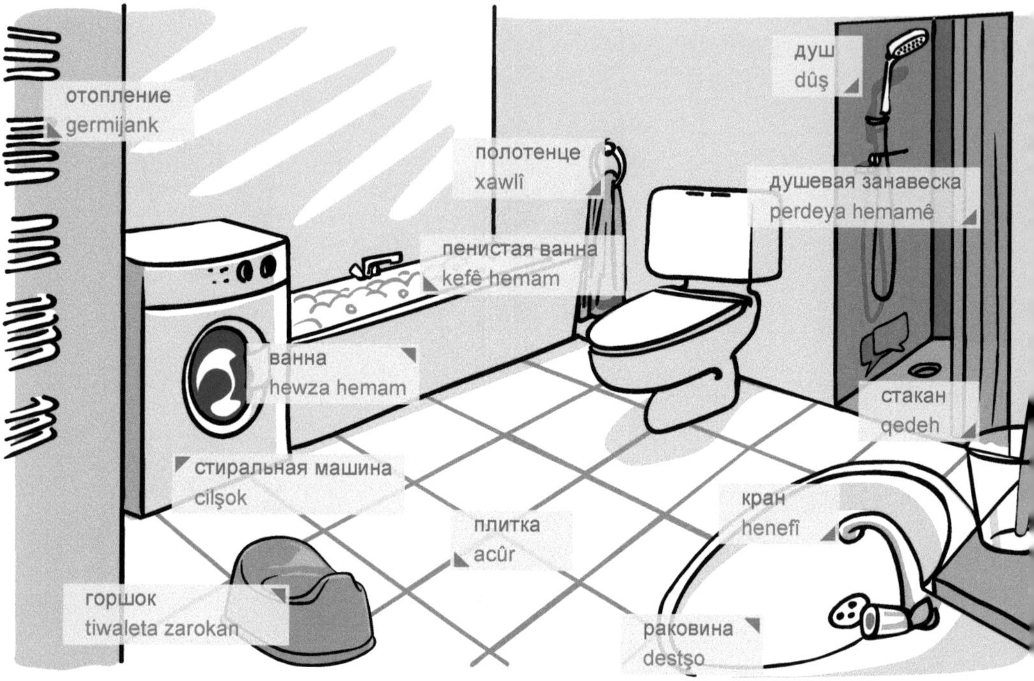

душ
dûş
отопление
germijank
полотенце
xawlî
душевая занавеска
perdeya hemamê
пенистая ванна
kefê hemam
ванна
hewza hemam
стакан
qedeh
стиральная машина
cilşok
кран
henefî
плитка
acûr
горшок
tiwaleta zarokan
раковина
destşo


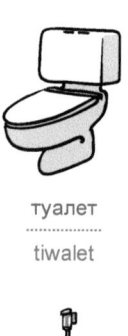

туалет

tiwalet

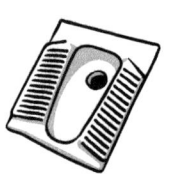

напольный унитаз

tiwaleta erdê

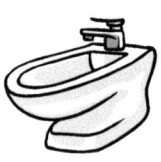

биде

tiwalet

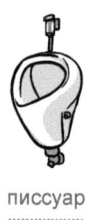

писсуар

avdestxana mêran

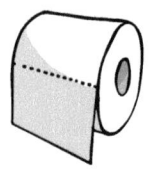

туалетная бумага

kaxeza tiwalet

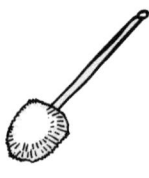

ершик

firşeya tiwalet

зубная щетка

firçeya diran

зубная паста

mecûna diran

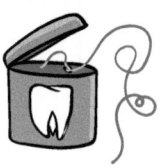

зубная нить

nexa didan

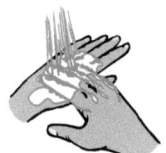

мыть

şûştin

ручной душ

dûşê destê

интимный душ

dûş

таз

destşo

щетка для спины

firça pişt

мыло

sabûn

гель для душа

cêlê hemam

шампунь

şampo

мочалка

fanîle

сток

zêrab

крем

kirêm

дезодорант

bêhn xweşkir

зеркало

mirêk

ручное зеркало

mirêka destê

бритва

gûzan

пена для бритья

kefê teraşînê

лосьон после бритья

mecûna piştî teraşînê

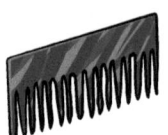

расческа

şeh

щетка

firçe

фен

por hîşikkir

лак для волос

sipraya porê

косметика

kozmetîk

губная помада

soravk

лак для ногтей

rengê nînok

вата

pembû

маникюрные ножницы

meqesta nînok

духи

parfûm

косметичка

çewalê hemamê

табуретка

kursiya bêpişt

весы

terazî

халат

kinca hemamê

резиновые перчатки

lepika lastîkê

тампон

tampon

гигиеническая прокладка

xawliya paqijkirinê

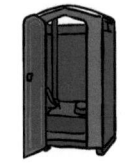

биотуалет

tiwaleta kîmîyewî

# детская комната

# odeya zarok

будильник
demjimêrk
мягкая игрушка
lîstok
игрушечный автомобиль
maşîna lîstok
погремушка
xişxişok
кукольный домик
mala lîstok
подарок
xelat

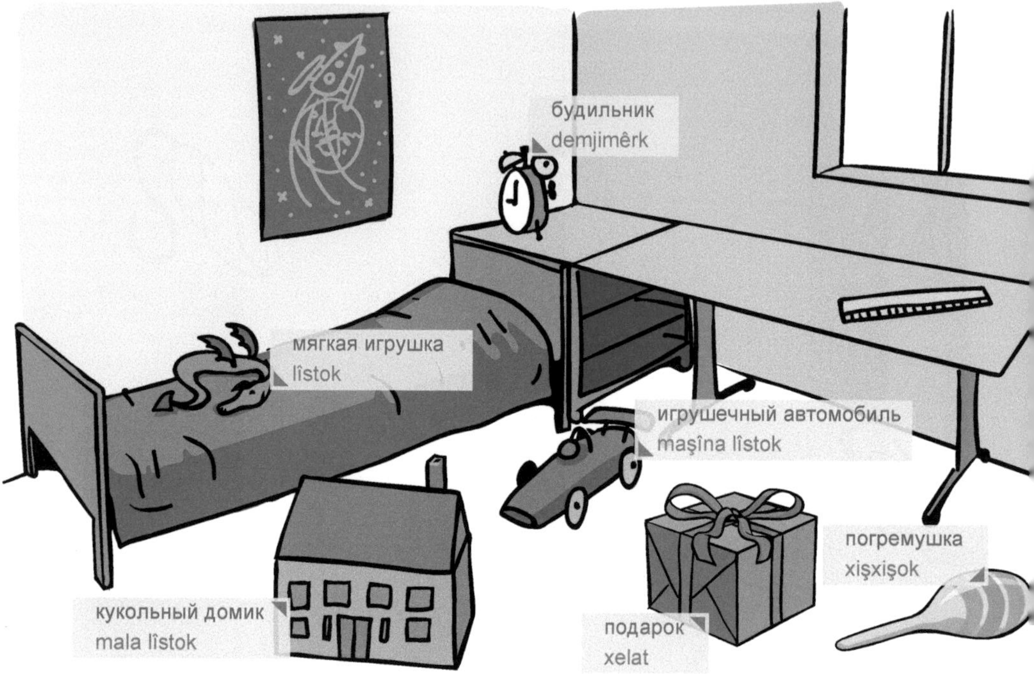

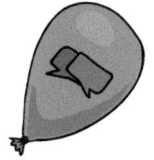

воздушный шар

pifdank

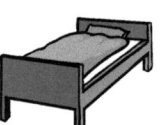

кровать

nivîn

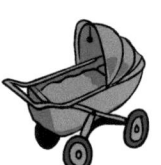

детская коляска

koçk

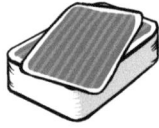

карточная игра

lîstika kartê

пазл

frîzbî

SUPER
MEGA

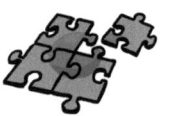

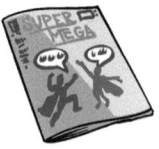

комикс

komîk

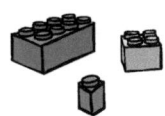

кирпичики Лего

acûra lêgo

кубики

acûra lîstok

игрушечная фигурка

bûke şûşe

ползунки

kinca bebikan

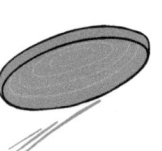

фрисби

frizbee

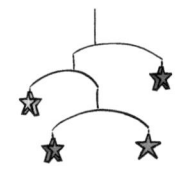

мобиле

veguhestin

настольная игра

lîstikên texte

кубик

mor

модель железной дороги

modêla trênê

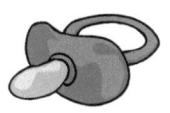

соска

memik

вечеринка

cejn

книга с картинками

kitêba wêne

мяч

top

кукла

bûke şûşe

играть

leyîstin

песочница

kuna xîzê

качели

colane

игрушка

lîstokan

игровая приставка

lîstika vîdeoyî

трёхколесный велосипед

sêçerxe

плюшевый медвежонок

hirça lîstok

шкаф для одежды

cildank

## одежда

## kinc

носки

gore

чулки

gore

колготки

derpêgorê

шарф
şal

зонтик
çetir

футболка
kiras

ремень
qayiş

кроссовки
pêlav

сапоги
şekal

тапки
pêlavê nav malê

сандалии
........................
solik

ботинки
........................
sol

резиновые сапоги
........................
potîna çermê

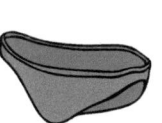

трусы
........................
pantolê jêr

бюстгальтер
........................
pêsîrbend

майка
........................
çekbend

**боди**

cendek

**брюки**

pantol

**джинсы**

jeans

**юбка**

daman

**блузка**

kiras

**рубашка**

kiras

**свитер**

fanêle

**свитер**

fanêle

**спортивная куртка**

cakêt

**жакет**

sako

**пальто**

çaket

**плащ**

baranî

**костюм**

lebas

**платье**

fîstan

**свадебное платье**

cilê dawetê

**мужской костюм**

kostum

**ночная сорочка**

pêcame

**пижама**

pêcame

**сари**

saree

**платок**

leçik

**тюрбан**

mêzer

**паранджа**

hêram

**кафтан**

kaftan

**абайя**

eba

**купальник**

kinca ajnêkirin

**плавки**

cilka melevanî

**шорты**

şort

**спортивный костюм**

cila hêvojkarî

**фартук**

pêşmal

**перчатки**

lepik

пуговица

dûgme

очки

berçavik

браслет

bazin

цепочка

gerdenî

кольцо

gustîl

серьга

guhark

шапка

devik

вешалка

hilavistek

шляпа

kûm

галстук

kirawat

застежка молния

zîp

шлем

serparêz

подтяжки

derzî

школьная форма

kinca dibistanê

форма

yûnîform

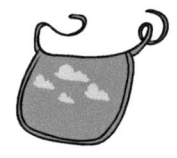

детский нагрудник

berdilk

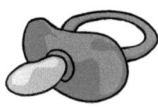

соска

memik

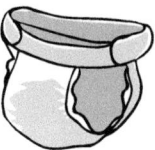

подгузник

pundax

# офис

# ofîs

сервер
pêşkeşker
канцелярский шкаф
dolabê belge
принтер
çaper
бумага
kaxez
монитор
nîşander
мышь
mişk
письменный стол
mase
папка
defter
клавиатура
klavye
корзина для бумаг
sepeta kaxezê
компьютер
komputer
стул
kursî


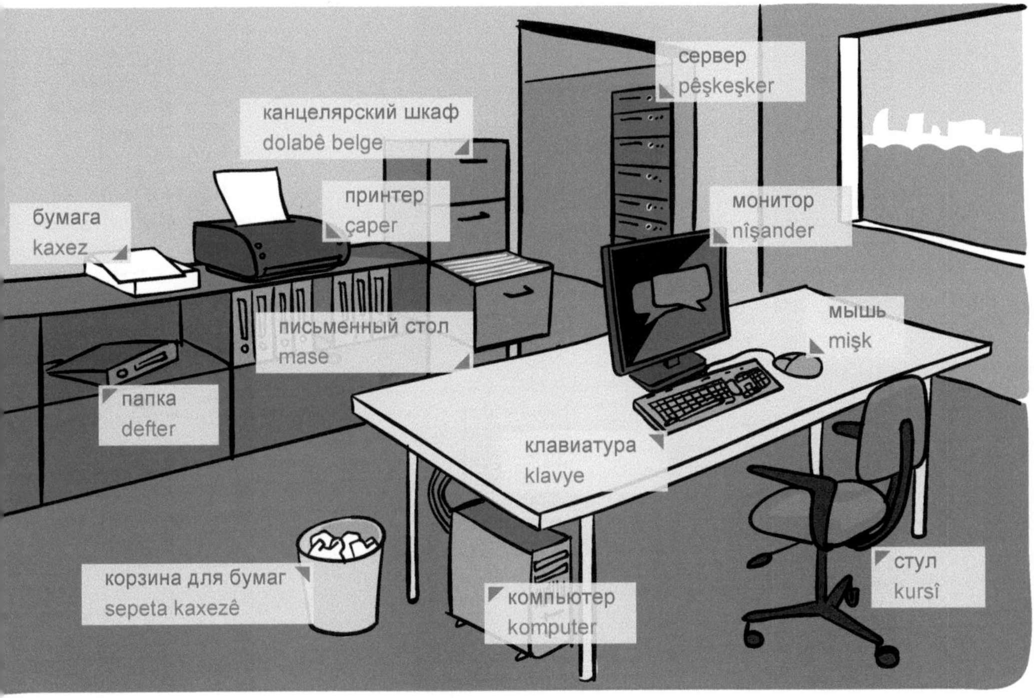

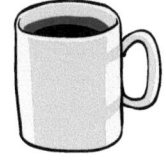

кофейная кружка

kasika qehwe

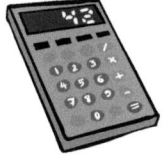

калькулятор

hesabker

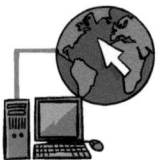

интернет

înternet

ноутбук

komputera laptop

письмо

name

сообщение

peyam

мобильный телефон

telefona mobîl

сеть

tor

ксерокс

mekîna fotokopî

программа

software

телефон

telefon

розетка

socketa fîşek

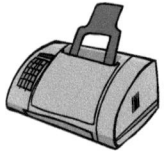

факс

mekîna faxê

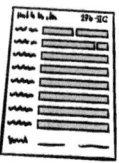

формуляр

form

документ

belge

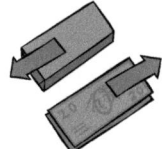

покупать

standin

платить

pere dan

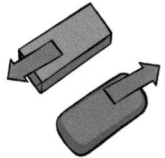

торговать

bazirganî

деньги

pere

доллар

dollar

евро

yoro

иена

yenê Japonê

рубль

roblê Rûsî

франк

firankê Swîsê

жэньминьби юань

yuanê Çînê

рупия

rûpee Hindî

банкомат

mekîna jixwebera dirav

пункт обмена валюты

ofîsa pere veguhartinê

золото

zêrr

серебро

zîv

нефть

neft

энергия

wize

цена

biha

договор

peyman

налог

tax

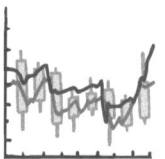

акция

seham

работать

karkirin

служащий

karker

работодатель

karda

фабрика

fabrîka

магазин

dikan

# профессии
# profesyon

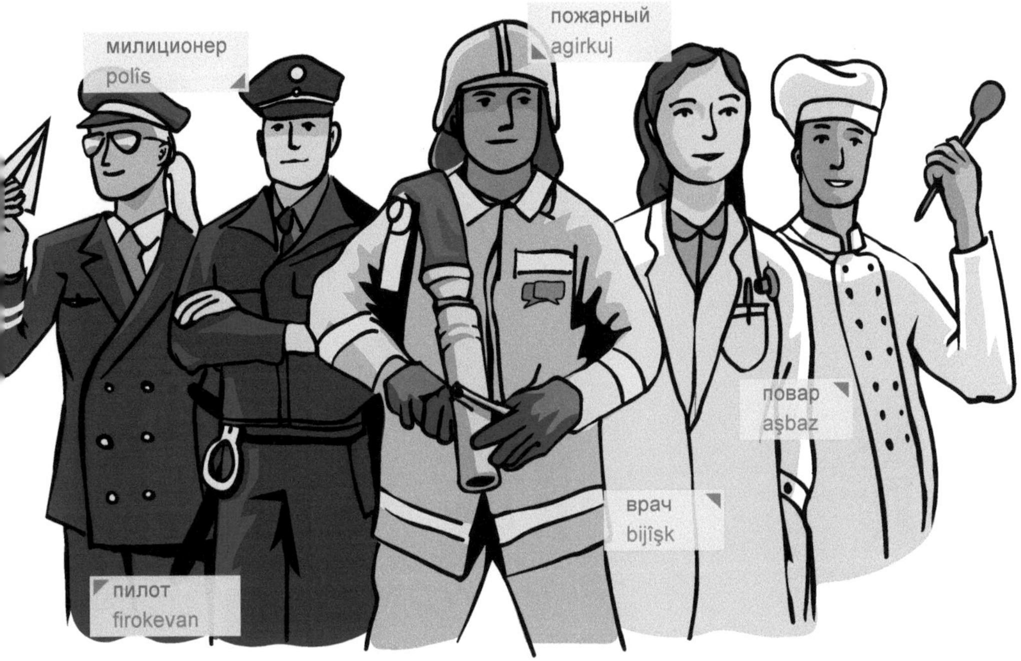
милиционер
polîs
пожарный
agirkuj
повар
aşbaz
врач
bijîşk
пилот
firokevan

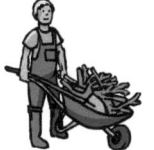

садовник
baxçevan

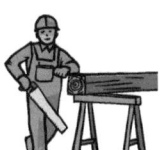

столяр
necar

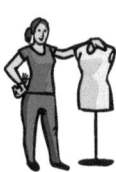

швея
dirûnvan

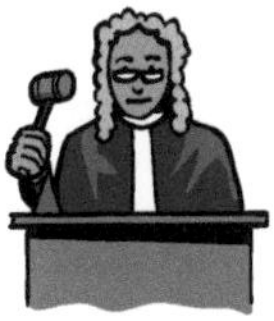

судья
hakim

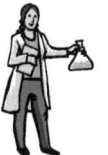

химик
şîmyazan

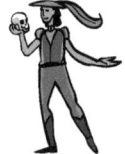

актёр
şanoger

водитель автобуса

şufêrê basê

таксист

şufêrekî taksiyê

рыбак

masîvan

уборщица

pagijker

кровельщик

çêkirê banî

официант

berkar

охотник

nêçirvan

художник

rengrês

пекарь

nanpêj

электрик

karebavan

строитель

avaker

инженер

endezyar

мясник

qesab

сантехник

lûlekar

почтальон

postevan

солдат

esker

архитектор

mîmar

кассир

diravgir

флорист

firotkara çîçekan

парикмахер

porçêker

кондуктор

ajovan

механик

mekanîk

капитан

keştîvan

зубной врач

pizîşka didanan

ученый

zanistyar

раввин

rûhan

имам

îmam

монах

keşe

священник

keşîş

# инструменты
# amûran

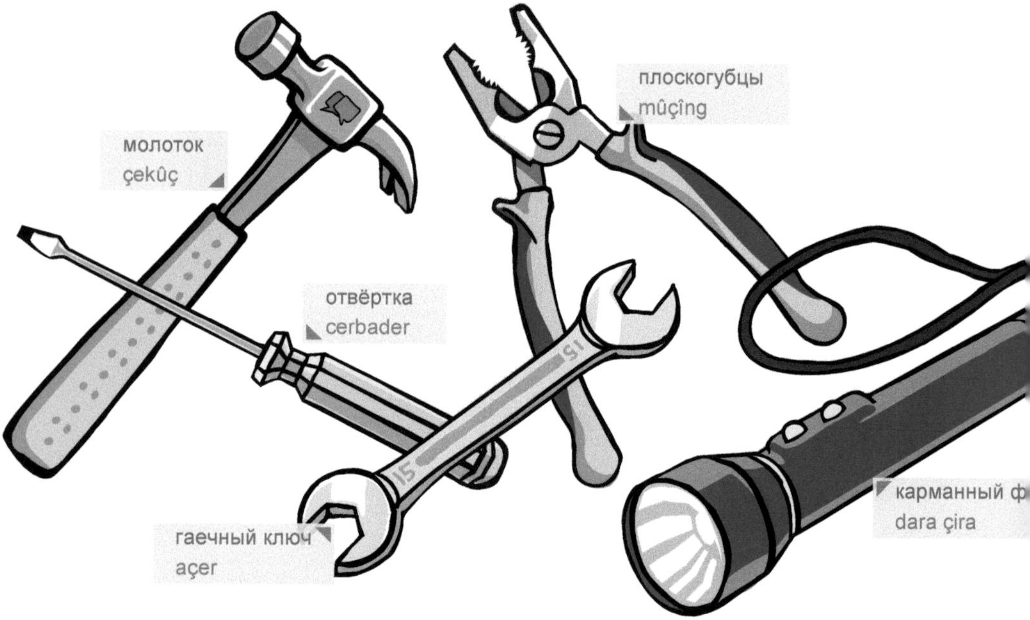
плоскогубцы
mûçîng
молоток
çekûç
отвёртка
cerbader
карманный ф
dara çira
гаечный ключ
açer

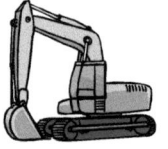

экскаватор
şofel

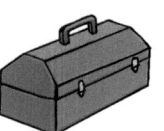

ящик для инструментов
qûtiya amûran

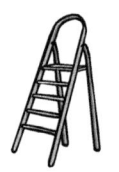

стремянка
peyje

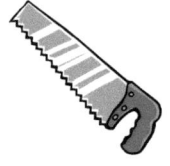

пила
mişar

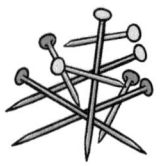

гвозди
mîx

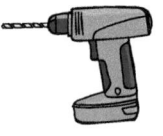

дрель
qulkirin

ремонтировать

çêkirin

лопата

merbêr

Блин!

nalet!

совок

bêl

ведро с краской

qûtiya rengê

винты

cerr

# музыкальные инструменты
## amûrên mûzîkê

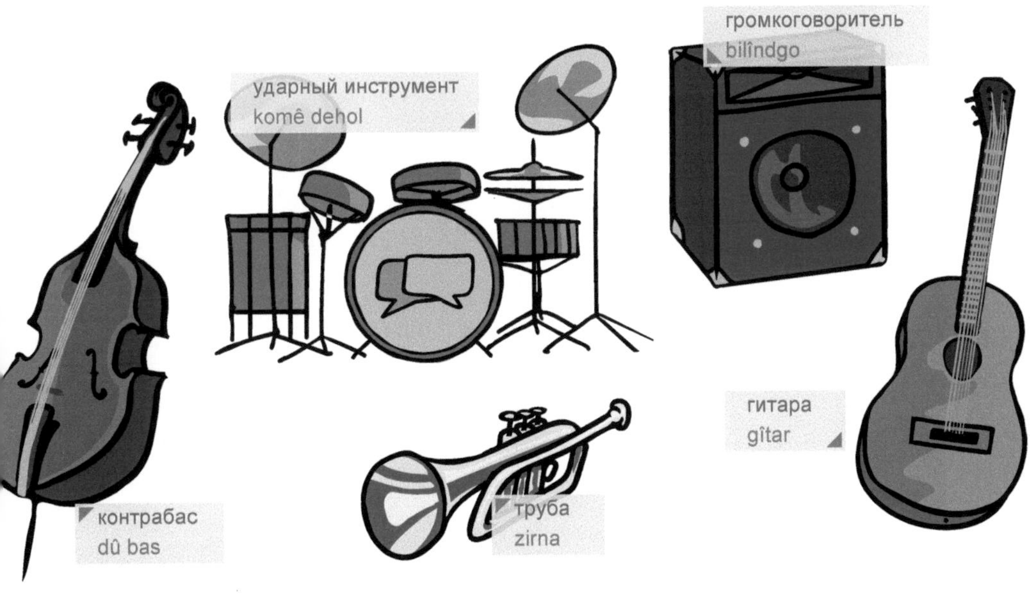

ударный инструмент
komê dehol

громкоговоритель
bilîndgo

гитара
gîtar

контрабас
dû bas

труба
zirna

пианино

piyano

скрипка

viyolîn

бас-гитара

bas

литавры

dehol

барабан

dahol

синтезатор

keyboard

саксофон

saksofon

флейта

bilûr

микрофон

mîkrofon

# зоопарк
# baxça heywanan

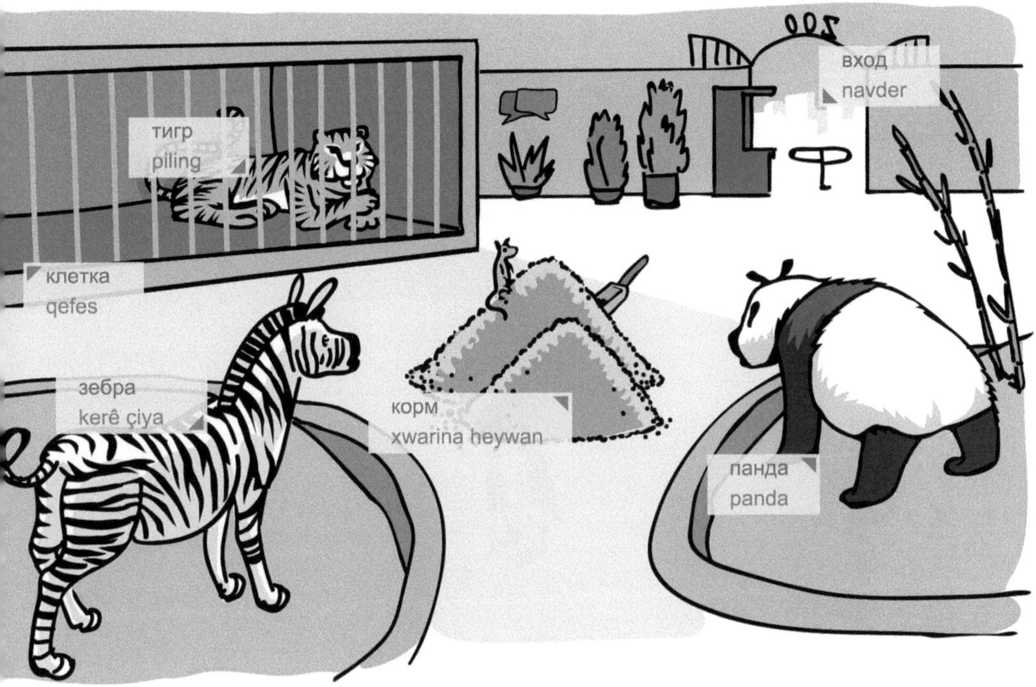

вход
navder
тигр
piling
клетка
qefes
зебра
kerê çiya
корм
xwarina heywan
панда
panda


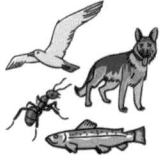

животные
heywan

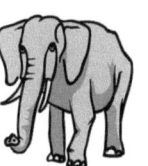

слон
fîl

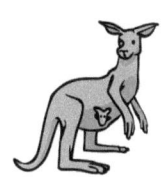

кенгуру
kangarû

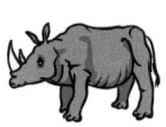

носорог
kerkeden

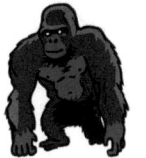

горилла
gorîl

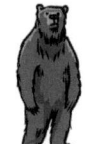

медведь
hirç

верблюд

hêştir

страус

hêştirme

лев

şêr

обезьяна

meymûn

фламинго

flamîngo

попугай

papaxan

белый медведь

hirça cemserî

пингвин

penguîn

акула

semasî

павлин

tawûs

змея

mar

крокодил

timsah

служитель зоопарка

parêzera baxça ajalan

тюлень

seya derya

ягуар

piling

пони

hesp

леопард

piling

бегемот

hespê rûbar

жираф

canhêştir

орёл

helo

кабан

berazê kovî

рыба

masî

черепаха

kûsî

морж

walras

лиса

rovî

газель

xezal

американский футбол
fûtbolê Amerîka

езда на велосипеде
bisiklêtan

теннис
tenîs

баскетбол
baskêtbol

плавание
avjenîkirin

бокс
boxing

хоккей
hokeya ser cemedê

футбол
fûtbol

бадминтон
badminton

лёгкая атлетика
yê atletîzmê

гандбол
hendbol

лыжный спорт
befirajotin

поло
polo

смеяться
kenîn

прыгать
hilpeke

обнимать
hembêz

идти
birêveçûn

петь
lawje gutin

мечтать
xewn dîtin

молиться
nimêj kirin

целовать
maçkirin

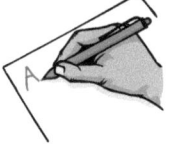

писать

nivîsandin

рисовать

nîgar kêşan

показывать

nîşan dan

нажимать

paldan

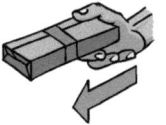

давать

dayîn

брать

rakirin

иметь

heyîn

делать

kirin

быть

bûn

стоять

sekinîn

бежать

bazdan

тянуть

kişandin

бросать

avêtin

падать

ketin

лежать

derew kirin

ждать

sekinîn

носить

guhêztin

сидеть

rûniştin

надевать

cil berkirin

спать

razan

просыпаться

rabûn

рассматривать

mêze kirin

плакать

girîn

гладить

celte

причесывать

şe kirin

говорить

peyvîn

понимать

famkirin

спрашивать

pirskirin

слушать

bihîstin

пить

vexwarin

кушать

xwarin

наводить порядок

kom kirin

любить

hezkirin

готовить

xwarin çêkirin

ехать

ajotin

летать

firrîn

ходить под парусом

kesştîvanî

считать

hesibandin

читать

xwandin

учиться

hînbûn

работать

karkirin

вступать в брак

zewicîn

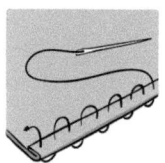

шить

dirûtin

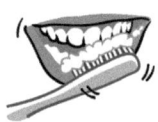

чистить зубы

didan şûtin

убивать

kuştin

курить

dûxan

отправлять

şandin

# семья
# malbat

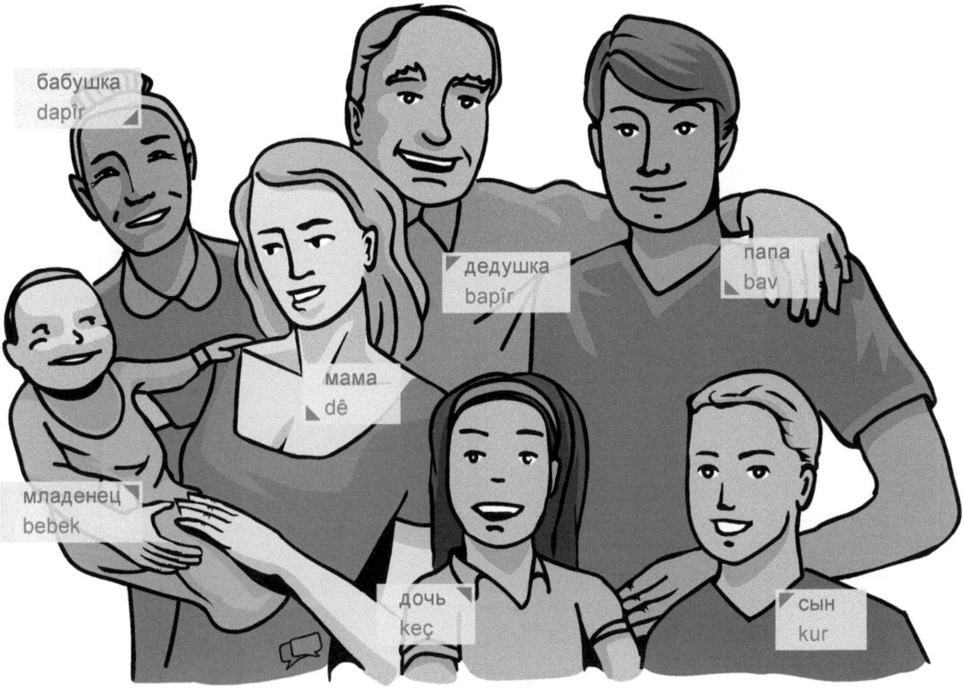
бабушка
dapîr
дедушка
bapîr
папа
bav
мама
dê
младенец
bebek
дочь
keç
сын
kur

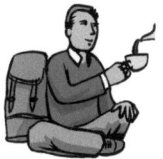

гость
mêvan

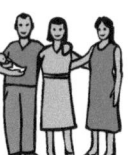

тетя
met

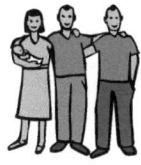

дядя
ap/xal

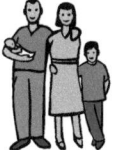

брат
bira

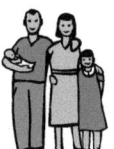

сестра
xwişl

# тело

## beden

лоб
enî
глаз
çav
плечо
mil
палец
tilî
лицо
rû
подбородок
zenî
кисть
dest
грудь
sîng
нога
ling
рука
pîl

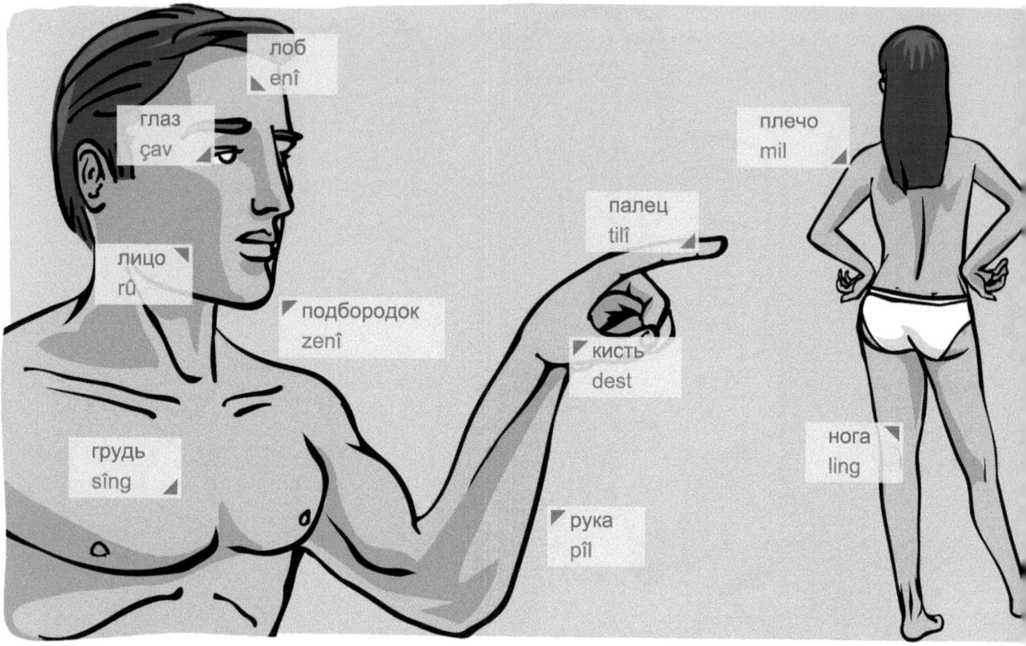

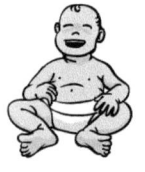

младенец

bebek

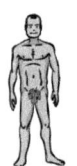

мужчина

mêr

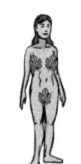

женщина

jin

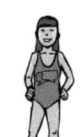

девочка

keç

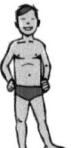

мальчик

kor

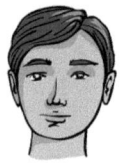

голова

ser

спина

пişt

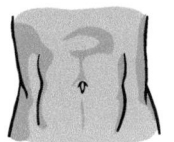

живот

zik

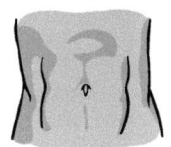

пупок

navik

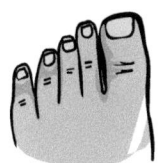

палец ноги

tilîya pê

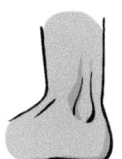

пятка

panî

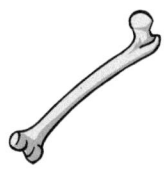

кость

hestî

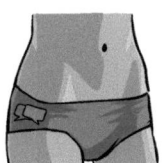

бедро

kûlîmek

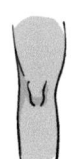

колено

jûnî

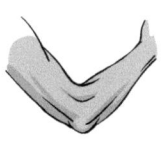

локоть

enîşk

нос

difn

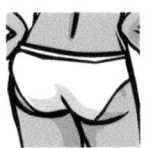

ягодицы

qûn

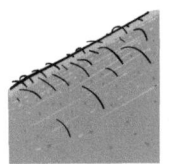

кожа

çerm

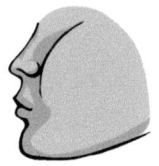

щека

rû

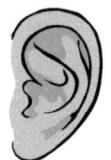

ухо

gûh

губа

lêv

тело - beden

рот

dev

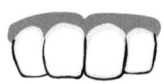

зуб

diran

язык

ziman

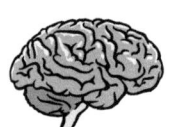

мозг

mêjî

сердце

dil

мышца

masûl

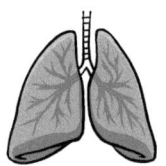

лёгкое

cîgera spî

печень

ceger

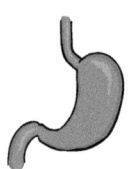

желудок

made

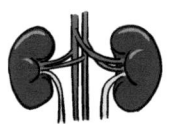

почки

gûrçikan

половой акт

cotbûn

презерватив

kondom

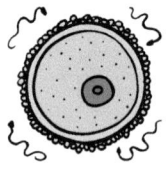

яйцеклетка

hêk

сперма

tov

беременность

dûcanî

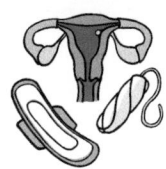

менструация
ade

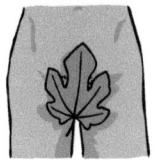

вагина
qûz

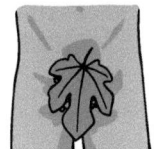

пенис
kîr

бровь
birû

волосы
por

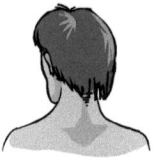

шея
hûstû

# больница
# nexweşxane

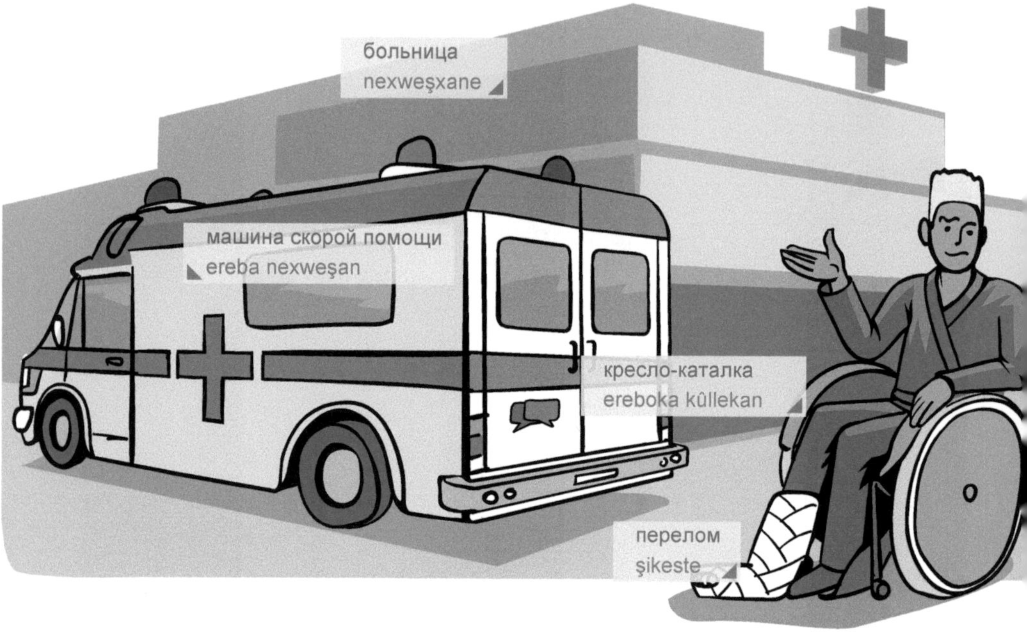

больница
nexweşxane
машина скорой помощи
ereba nexweşan
кресло-каталка
ereboka kûllekan
перелом
şikeste

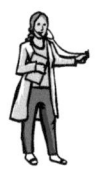

врач

bijîşk

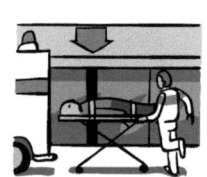

пункт первой помощи

oda lezgînê

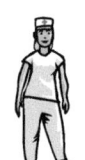

медсестра

nexweşyar

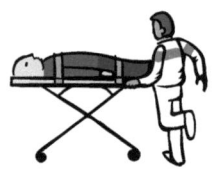

неотложный случай

acîlîyet

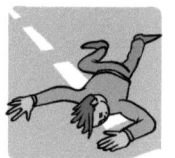

без сознания

bêhay

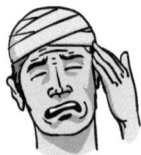

боль

êş

повреждение

birîn

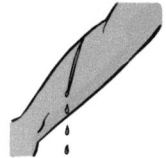

кровотечение

xwînpijan

инфаркт

hêrişa dilî

инсульт

celte

аллергия

alerjî

кашель

kuxik

зышенная температура

ta

грипп

zikam

понос

navçûyin

головная боль

serêş

рак

qansêr

диабет

nexweşiya şekirê

хирург

emelîkar

скальпель

skalpêl

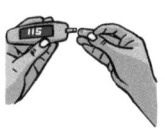

операция

emelî

КТ

CT

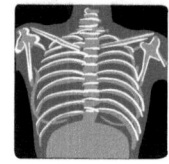

рентген

sûretê rontgên

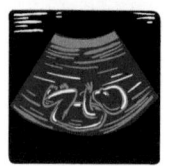

ультразвук

ûltrasawnd

маска

maskê rûyê

болезнь

nexweşî

приёмная

oda sekinînê

костыль

goçan

пластырь

şêl

бинт

paçê birînpêçanê

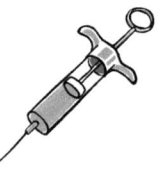

укол

derzî

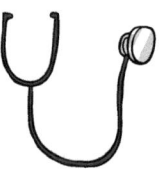

стетоскоп

bîstoka pizîşkî

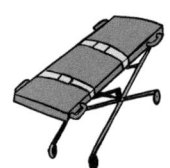

носилки

darbest

термометр

têhnpîva klînîkê

рождение

zayîn

избыточный вес

qelew

слуховой аппарат

alîkariya bihîstinê

дезинфекционное средство

bakterîkuj

инфекция

kotîbûn

вирус

vîrûs

ВИЧ / СПИД

HIV / AIDS

лекарство

derman

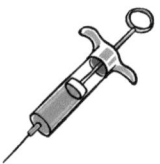

прививка

kutan

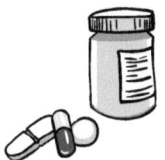

таблетки

heban

противозачаточная таблетка

heb

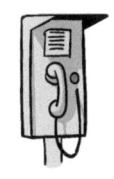

экстренный вызов

lezgîn

прибор для измерения кровяного давления

dîmenderê pesto xwîn

больной / здоровый

nexweş / sax

Помогите!

Hewar!

сигнал тревоги

alarm

нападение

êrîş

атака

êrîşkirin

опасность

talûk

запасной выход

derketina acil

Пожар!

agir!

огнетушитель

agir vemirandinê

несчастный случай

qeza

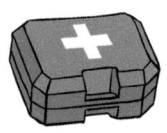

аптечка

aletên alîkariya yekem

SOS

SOS

милиция

polîs

Европа

Ewropa

Северная Америка

Amerîkaya Bakûr

Южная Америка

Amerîkaya Başûr

Африка

Afrîka

Азия

Asya

Австралия

Awustralya

Атлантический океан

Atlantîk

Тихий океан

Okyanûsa Mezin

Индийский океан

Okyanûsa Hindî

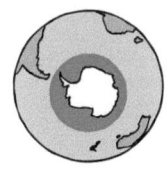

Антарктический океан

Okyanûsa Antarktîka

Северный Ледовитый
океан
Okyanûsa Arktîk

Северный полюс

Cemsera Bakûr

Южный полюс

Cemsera Başûr

Антарктика

Antarktîka

земля

erd

суша

ax

море

behir

остров

dûrge

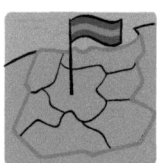

нация

milllet

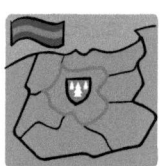

государство

welat

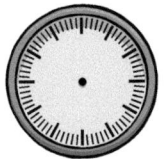

циферблат

rûyê saet

часовая стрелка

nişanderka demjimêr

минутная стрелка

nişanderka deqe

секундная стрелка

nişanderka saniye

Который час?

Seet çende?

день

roj

время

dem

сейчас

niha

электронные часы

saetê dicîtal

минута

deqe

час

seet

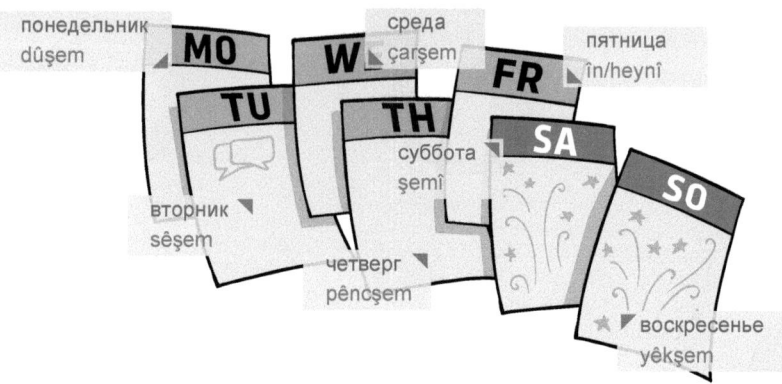

понедельник — dûşem
среда — çarşem
пятница — în/heynî
вторник — sêşem
четверг — pêncşem
суббота — şemî
воскресенье — yêkşem

вчера

duh

сегодня

îro

завтра

sibey

утро

sibe

полдень

nîvro

вечер

êvar

рабочие дни

rojên karê

выходные

dawiya hefte

# год
# sal

дождь
baran
радуга
keskesor
ветер
ba
снег
befir
весна
bihar
лето
havîn
осень
payîz
зима
zivistan

4.APRIL 11°
5.APRIL 4°
6.APRIL 13°
7.APRIL 8°
8.APRIL 10°

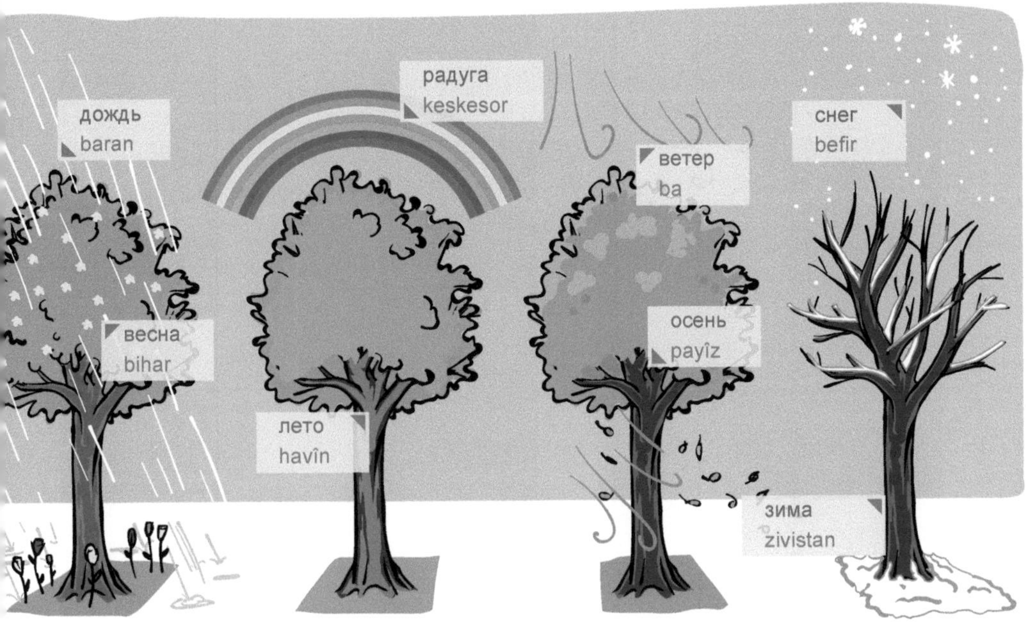

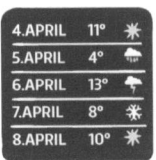

прогноз погоды

pêşbîniya hewa

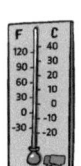

термометр

tehnpîv

солнечный свет

tav

туча

hewr

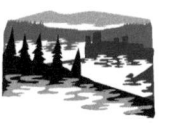

туман

mij

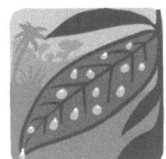

влажность воздуха

hêmî

молния

birq

гром

brûsk

буря

tofan

град

terg

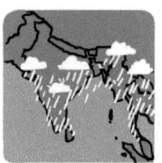

муссон

mansûn

наводнение

lehî

лёд

cemed

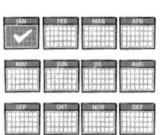

январь

rêbendan

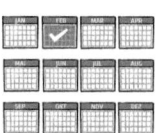

февраль

reşeme

март

newroz

апрель

gulan

май

cozerdan

июнь

pûşper

июль

gelawêj

август

xermanan

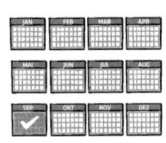

сентябрь

rezber

октябрь

kewçêr

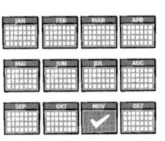

ноябрь

sermawez

декабрь

befranbar

круг

çember

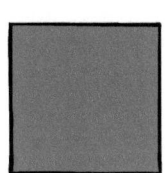

квадрат

çarçik

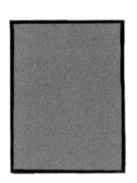

прямоугольник

çarqozî

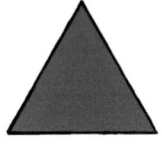

треугольник

sêqozî

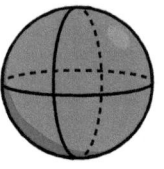

шар

qada

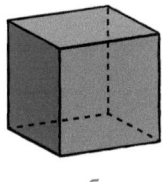

куб

xiştek

белый

sipî

желтый

zer

оранжевый

pirteqalî

розовый

pembe

красный

sor

лиловый

mor

синий

şîn

зелёный

kesik

коричневый

qehweyî

серый

gewr

черный

reş

много / мало

zor / kêm

яростный / мирный

bi hêrs / bêdeng

красивый / уродливый

bedew / nerind

начало / конец

destpêk / dawî

большой / маленький

mezin / biçûk

светлый / темный

ronî / tarî

брат / сестра

brak / xwişk

чистый / грязный

pagij / girêj

полный / неполный

tevî / netemam

день / ночь

roj / şev

мёртвый / живой

mirî / zindî

широкий / узкий

fire / teng

съедобный / несъедобный

xweş / nexweş

злой / дружелюбный

nebaş / baş

взволнованный /
скучающий
bi heyecan / aciz

толстый / худой

qelew / zirav

сначала / в конце

yekemîn / dawîn

друг / враг

heval / dijmin

полный / пустой

tijî / vala

твёрдый / мягкий

req / nerm

тяжёлый / легкий

giran / sivik

голод / жажда

birçî / tînî

больной / здоровый

nexweş / sax

незаконный / законный

neqanûnî / qanûnî

умный / глупый

rewşenbîr / balûle

слева / справа

çep / rast

близко / далеко

nêzî / dûr

овый / подержанный

nû / bikarhatî

ничто / нечто

hîç / tiştek

старый / молодой

kal / ciwan

ключено / выключено

li / ji

открыто / закрыто

vekirî / girtî

тихо / громко

aram / dengbilind

богатый / бедный

dewlemend / reben

правильный /
неправильный
rast / şaş

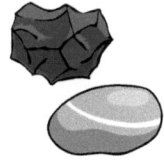

шероховатый / гладкий

dirr / hilû

чальный / счастливый

xemgîn / şa

короткий / длинный

kurt / dirêj

медленный / быстрый

hêdî / zû

мокрый / сухой

şil / ziwa

тёплый / прохладный

germ / hênik

война / мир

şerr / aşitî

**0**

ноль

sifir

**1**

один

yek

**2**

два

dû

**3**

три

sê

**4**

четыре

çar

**5**

пять

pênc

**6**

шесть

şeş

**7**

семь

heft

**8**

восемь

heşt

**9**

девять

neh

**10**

десять

deh

**11**

одиннадцать

yazde

## 12
двенадцать
dazde

## 13
тринадцать
sêzde

## 14
четырнадцать
çarde

## 15
пятнадцать
pazde

## 16
шестнадцать
şazde

## 17
семнадцать
hefde

## 18
восемнадцать
hejde

## 19
девятнадцать
nozdeh

## 20
двадцать
bîst

## 100
сто
sed

## 1.000
тысяча
hezar

## 1.000.000
миллион
milyon

английский
Inglîzî

американский английский
Inglîziya Amerîkî

мандаринский китайский
Çînî Mandarîn

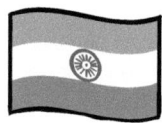

хинди
Hindî

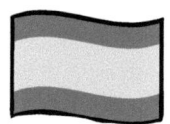

испанский
Îspanyolî

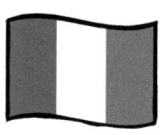

французский
Frensî

арабский
Erebî

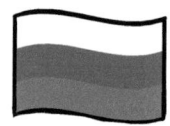

русский
Rûsî

португальский
Portugalî

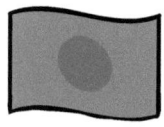

бенгальский
Bengalî

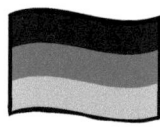

немецкий
Elmanî

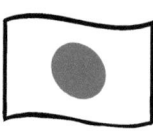

японский
Japonî

я
min

ты
tu

он / она / оно
ew / ev / ew

мы
em

вы
tu

они
ew

кто?
kî?

что?
çi?

как?
çawa?

где?
kû?

когда?
kengî?

имя
nav

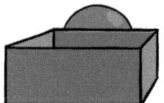

за
.........
piştî

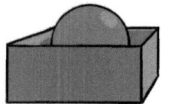

в
.........
li

перед
.........
pêşî

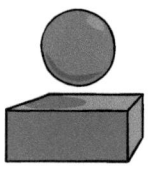

над
.........
ser

на
.........
ser

под
.........
bin

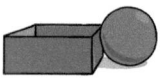

рядом
.........
kêlek

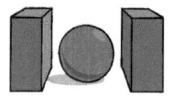

между
.........
navber

место
.........
cih